KB051738

찾아라!

**만리마 슈퍼마켓
새우맛 튀기과자**

프롤로그

달고나, 눈깔사탕, 쫀드기…
불량끼가 다분했던 간식이자 과자들이다.
별다른 먹거리가 없었던 어린 시절의 먹거리이자 추억
이다.

맛동산, 새우깡, 크라운산도, 쵸코파이, 브라보콘, 월드콘,
홈런볼…
지금도 마켓이나 슈퍼를 가면 다른 과자보다 먼저 손길이
간다. 어릴 적 기억의 강력한 자장(磁場)이 땡기는, 그래
서 시간이 지나도 찾게 되는 과자들이다.

입은 신체 기관 중에서 가장 강력한 기억력을 갖고 있다.
명절이면 가족들이 한 자리에 모여서 먹었던 엄마의 손맛
이 담긴 음식은 여러 해를 넘기고 멀리 떠나 있어도 기억
의 유전자로 귀신처럼 추억의 공간을 찾아간다.
흐르는 강물을 거슬러 올라가는 연어들의 몸짓처럼.

과자.
휴전선을 갈라지기 전까지 남북의 먹거리는 중요하지 않았다.
같은 것을 먹고, 같은 옷을 입었으니까.

지금은 뭘 먹고 있을까?

평양에 가면 먹어보고 싶은 게 몇가지 생겼다.

많이 느끼할 것 같은 '콜라겐아이스크림', '띄운콩 에스키모'.
전세계 믹스커피 중에서 한국 커피와 가장 비슷하다는 봉지
커피…

재미로 시작한 고민이 책으로 나왔다. 늘품플러스 편집부에
게 고마움을 전한다.

금강산에서 과자박스를 메고 온 이창희 박사와 창고에서 자
료를 챙겨준 홍상영 총장께 감사드린다.

CONTENTS

찾아라!

**만리마 슈퍼마켓
새우맛 튀기과자**

01.

북한의 과자 종류가
아닌 것은?

1 사탕

2 스넥

3 빵

4 단묵

Answer

❷ 스넥류

- 과자 종류는 재료나 형태에 따라서 나눌 수 있다.

- 북한 과자는 각종 사탕, 과자(겹과자, 튀기), 빵, 단묵으로 나눌 수 있다.

- 종합비타민빵, 칼시움빵, 리진빵은 영양제를 넣은 빵이고, 야채효모빵, 치즈빵, 코코아단빵은 재료에 따라서 붙인 과자이다.

- 팥타래, 알빵은 생긴 모양에 따라서 붙인 이름이다.

- 엿도 간식으로 많이 활용한다.

과일단묵, 빵, 종합영양강정

레몬 단묵, 락화생튀, 종합사탕

찾아라! 만리마 슈퍼마켓 새우맛 튀기과자

021-55/261

021-56/261

3/261

21-54/261

021-57/261

021-58/261

운하대성식료공장의 과자 홍보물

운하대성식료공장의 대하브랜드과자 광고

찾아라! 만리마 슈퍼마켓 새우맛 튀기과자

02.

개성공단에서
먹을 수 있었던
초콜릿바는?

1 조선시간

2 개성시간

3 라선시간

4 원산시간

❷ 개성시간

- '개성시간'은 북한에서 만든 과자는 아니다.

- 개성공업지구에서 남북의 근로자들이 함께 간식으로 먹었던 초콜릿 과자이다.

- '자유시간'이라는 초콜릿 과자가 원조이다.

- '자유'라는 말이 정치적인 이유로 문제가 될 수 있어서, '개성시간'으로 제품명을 바꾸어 납품하였다.

찾아라! 만리마 슈퍼마켓 새우맛 튀기과자

자유시간과 개성시간

북한의 과자 광고

찾아라! 만리마 슈퍼마켓 새우맛 튀기과자

03.

잼처럼 졸여서 만든
재료를 이용하여 만든
과자는 무엇인가?

1 졸임묵

2 양갱

3 단묵

4 겹과자

❸ 단묵

- 단묵이다. 양갱이라고 하지 않는다.

- 양갱처럼 고체에 가까운 형태도 있지만 젤리처럼 액체에 가까운 것도 있다.

- 단묵은 재료에 따라서 나누어지는데, 팥을 졸여 만든 팥단묵, 옥수수를 이용한 강냉이단묵 등이 있다.

선흥식료공장의 영양단묵

029-87/100

029-88/100

029-89/100

029-91/100

029-90/100

029-94/100

과일단묵과 동성식료공장의 인삼단묵

04.

과자와 과자 사이에 재료를 넣어서 만든 '샌드류' 과자를 무엇이라고 하는가?

1	산도

2	두벌과자

3	이불과자

4	겹과자

❹ 겹과자

- 겹과자는 과자와 과자 사이에 넣는 재료에 따라서 코코아향크림겹과자, 우유크림겹과자, 빠다크림겹과자, 록차맛크림겹과자 등이 있다.

- ① '산도'는 '샌드'의 일본식 발음

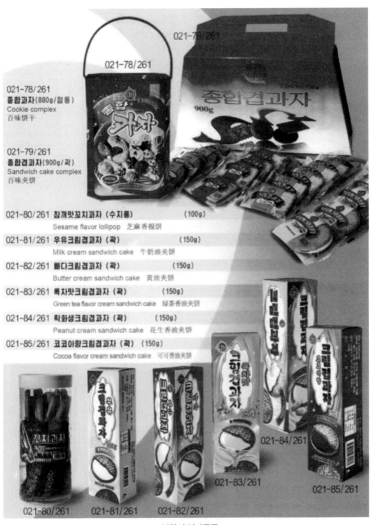

021-78/261
종합과자(880g/철통)
Cookie complex
百味饼干

021-79/261
종합겹과자(900g/곽)
Sandwich cake complex
百味夹饼

021-80/261 참깨맛꼬치과자 (수지롱)　　　(100g)
Sesame flavor lollipop　芝麻香棍饼

021-81/261 우유크림겹과자 (곽)　　　(150g)
Milk cream sandwich cake　牛奶油夹饼

021-82/261 빠다크림겹과자 (곽)　　　(150g)
Butter cream sandwich cake　黄油夹饼

021-83/261 록차맛크림겹과자 (곽)　　　(150g)
Green tea flavor cream sandwich cake　绿茶香油夹饼

021-84/261 락화생크림겹과자 (곽)　　　(150g)
Peanut cream sandwich cake　花生香油夹饼

021-85/261 코코아향크림겹과자 (곽)　(150g)
Cocoa flavor cream sandwich cake　可可香油夹饼

북한의 겹과류들

27

선흥식료공장의 종합과자

찾아라! 만리마 슈퍼마켓 새우맛 튀기과자

05.

기름에 튀긴 과자인
'스넥'을 무엇이라고
하는가?

1 튀김과자

2 기름과자

3 아삭과자

4 튀기

Answer

④ 튀기

- 튀김을 튀기라고 한다. 튀기과자는 기름에 튀긴 과자이다.

- 튀기류는 사용하는 재료에 따라서 완두콩튀기, 낙지맛튀기, 양파맛튀기, 록두맛튀기, 쵸코레트맛튀기, 완두콩튀기, 소고기맛튀기, 남새맛튀기, 닭고기맛튀기, 누룽지맛튀기, 불고기맛튀기, 쵸코레트속튀기 등이 있다.

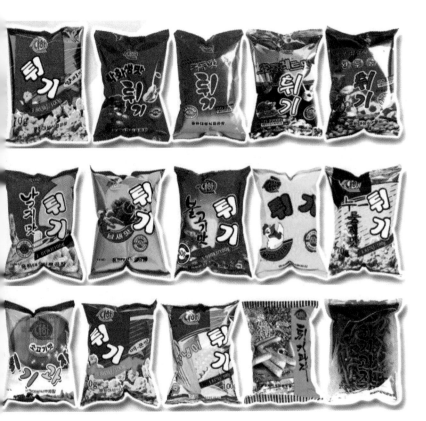

스낵류인 튀기과자

만경대경흥식료공장의 흰쌀 튀기과자 '매운맛'
고추가루와 고추씨기름을 이용하여 맵게 만들었다. 어느 정도 매운지는…

찾아라! 만리마 슈퍼마켓 새우맛 튀기과자

06.

새우깡과 싱크로율이
매우 높은 과자는?

| 1 | 선흥식료공장의 락화생맛튀기 |

| 2 | 선흥식료공장의 닭알과자 |

| 3 | 운하대성식료공장의 새우맛고치과자 |

| 4 | 금컵체육인공장의 새우맛튀기 |

❹ 금컵체육인공장의 새우맛튀기

- 남한 사람이면 맞출 수 없는 문제이다.

- 참고로 낙지맛튀기는 낙지가 아니라 오징어맛스 넥이다.

- 남한에서는 '오징어'이지만 북에서는 '낙지'이다.

금컵체육인종합식료공장의 새우맛튀기과자

낙지맛 튀기에서 낙지는 '낙지'가 아니라 '오징어'이다.

원산에 있는 갈마식료공장의 '랭동진공건조'한 낙지(오징어)

찾아라! 만리마 슈퍼마켓 새우맛 튀기과자

07.

'참깨맛꼬치과자'에서 먹을 수 있는 부분과 먹을 수 없는 부분에 대한 설명으로 옳은 것은?

1 과자와 꼬치 다 먹을 수 있다

2 과자만 먹을 수 있다

3 꼬치만 먹을 수 있다

4 과자와 꼬치는 모두 장식이어서 먹을 수 없다

❶ 과자와 꼬치 다 먹을 수 있다

- 꼬치사탕이나 꼬치과자는 막대가 달린 사탕, 막대가 달린 과자를 말한다.

- 꼬치사탕의 손잡이 부분은 츄파춥스처럼 먹을 수 없다. 하지만 꼬치과자는 빼빼로처럼 손잡이 부분을 먹을 수 있다.

- 참깨맛 꼬치과자는 손잡이 부분이 막대과자로 되어 있기 때문에 다 먹을 수 있다.

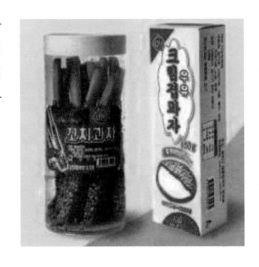

08.

딸기즙이 첨가된
우유사탕의 북한식
바른 표기는?

1 딸기우유사탕

2 딸기단맛사탕

3 딸기향단알

4 딸기젖사탕

❹ 딸기젖사탕

- 북한에서 우유를 표기하는 방법은 '우유', '소젖', '젖'이 있다.

- 사탕의 경우에는 우유가 첨가된 제품에는 '우유'라는 표현보다는 '젖'이라고 더 많이 표기한다.

찾아라! 만리마 슈퍼마켓 새우맛 튀기과자

선흥식료공장의 딸기젖사탕

금겁체육인종합식료공장의 과일젖사탕

찾아라! 만리마 슈퍼마켓 새우맛 튀기과자

09.

'무당'껌에 대한
올바른 설명은?

1 무속인들을 위한 기능성 껌

2 정당을 지지하지 않는 사람을 위한 껌

3 인조고무로 만든 껌

4 무가당껌

Answer

❹ 무가당껌

- 설탕 성분이 없는 껌을 무당껌이라고 한다.

평양 껌공장의 은방울 박하향 무당껌

10.

껌 중에서
넓적하게 생긴 껌은
무엇이라고 하는가?

1 널판지껌

2 판껌

3 네모껌

4 벽돌껌

❷ 판껌

- 껌은 북한에서도 껌이라고 표기한다.

- 박하향껌을 비롯하여 여러 과일향을 첨가한 과 일향껌이 있다.

- 판껌은 생긴 모양에 따라서 붙인 이름이다.

- 풍선껌은 방울껌이라고 한다.

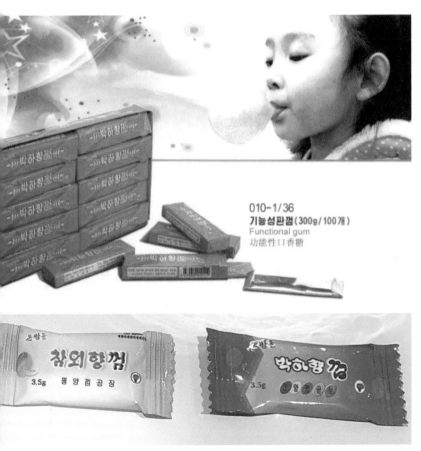

010-1/36
기능성판껌(300g/100개)
Functional gum
功能性口香糖

평양 껌공장의 은방울 참외향껌과 박하향껌

금컵체육인종합식료공장의 금컵 박하향껌

찾아라! 만리마 슈퍼마켓 새우맛 튀기과자

11.

무당봉지방울껌에 대한 가장 올바른 해석은?

1 낱개 포장된 무가당 풍선껌

2 봉지에 넣어서 포장된 껌

3 일반인에게는 판매하지 않는 특수한 기능을 가진 풍선껌

4 뭔 소린지 영....

Answer

❶ 낱개 포장된 무가당 풍선껌

- 북한에서 껌은 판껌과 방울껌이 있다.

- 무당은 설탕 성분이 없다는 뜻이고, 방울껌은 풍선껌이다.

- 봉지껌은 한 개씩 낱개로 포장된 것과 봉지 안에 여러 개가 들어가 있는 두 가지 형태가 있다.

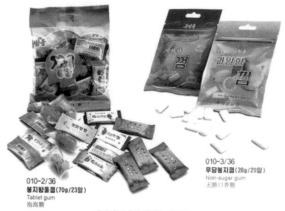

010-2/36
봉지방울껌(70g/23알)
Tablet gum
泡泡糖

010-3/36
무당봉지껌(28g/20알)
Non-sugar gum
无糖口香糖

평양껌공장의 은방울껌 제품

찾아라! 만리마 슈퍼마켓 새우맛 튀기과자

평양껌공장의 무당 인삼껌

군밤, 군고구마 향기

가을에는 물론 한겨울에도 수도의 어디서나 볼수 있는 이채로운 풍경이 있다.

고구마와 밤굽는 냄새가 구수하게 풍기는 곳마다에서 웃음꽃을 피우는 수도시민들의 모습이다.

우리 장군님께서 인민들에게 안겨질 한알의 군밤을 두고 얼마나 마음쓰시였는가를 이는 사람들은 이마도 많지 못할것이다.

평양시 거리들에 고구마나 밤을 구워 파는것이 별로 보이지 않는다고, 아무리 사회가 발전하여도 이런 풍경은 있어야 한다고 하시면서 고난의 나날에도 수송과 봉사에 필요한 모든 조치들을 다 취해주신 어머이장군님이시였다.

여러 구역의 대대 등에 일군들을 파견하시여 시민들이 사먹는 군밤들을 가져오도록 하시고 손수 한알한알 쪼개보시며 상한 밤알들을 두고 누구보다 가슴아파하시면 우리 장군님, 인민들에게 상하지 않고 생신한 군밤과 군고구마를 팔이움데 대해 간곡히 가르쳐시면 장군님의 그 당부는 오늘도 인민사랑의 그 메아리되여 울려퍼지고 있다.

사람들이여, 먼 후날에 가서도 부디 잊지 마시라. 한알한알의 군고구마, 군밤에 깃든 다심한 그 은정을.

고기쟁반국수

오늘 옥류관과 청류관을 비롯한 급양봉사기지들에서 손님들이 즐겨찾는 음식이 있다. 고기쟁반국수이다.

지금으로부터 10여년전 어느날 대중봉사를 하고있는 고기쟁반국수를 받아오도록 하시여 몸소 그 맛까지 보아주신 어머이장군님께서 남기신 교시는 오늘도 우리의 가슴을 뜨겁게 울려준다.

그날 위대한 장군님께서는 일군들에게 고난의 행군, 강행군시기 인민들이 식량사정이 곤난하여 배불리 먹지 못하기때문에 이따금 고기쟁반국수를 먹을수 있게 봉사하도록 닭고기를 비롯한 원자재보장체계를 세워주고 고기쟁반국수를 만드는 방법에 대한 강습과 방식상학도 조직해주도록 하였다고 하시며 손수 고기쟁반국수에 놓이주는 고기량까지 가늠해보시였다.

새로 꾸리는 닭공장들에서 나오는 닭고기를 풍부하게 쓰고 거기에 여러가지 양념을 잘 하면 궁중음식인 어복국수보다 맛도 영양가도 못지 않게 될것이라고 하시면서 몸소 고기쟁반국수라는 이름까지 지어주신 어머이장군님.

인민들에게 이 세상 제일 좋은것을 마련해주시려고 온갖 심혈을 다 기울이시며 한 몸을 초불처럼 태우신 그 불같은 헌신의 하루하루속에 오늘의 만복의 씨앗이 마련된것 아니겠는가.

《은방울》껌

인민들과 아이들이 좋아하는 우리 제품들속에는 어머이장군님께서 100점짜리라고 높이 평가하신 평양껌공장에서 생산하는 《은방울》껌도 있다.

평양시에 껌을 전문으로 생산하는 현대적인 공장을 건설하여 우리 인민들과 어린이들에게 껌을 공급해주자고 하시며 전선시찰의 길에서 껌공장건설구상을 무르익히신 어머이장군님께서는 몸소 공장려러전까지 잡아주시고 강력한 건설력량과 건설에 필요한 자재들을 우선적으로 보장해주도록 하시였다.

첫 제품이 나왔을 때 껌의 상표이름을 《은방울》이라고 달도록 해주신분도 바로 우리의 장군님이시다.

새 제품이 나올 때마다 질은 어떤가, 인민들이 좋아하는가를 물으시며 인민의 행복넘친 모습에서 가장 큰 기쁨을 찾으시던 어머이장군님.

달리는 야전차안에서도 《은방울》껌을 보이주시며 우리 인민들과 어린이들에게 질좋고 향기로운 껌을 더 많이 안겨주시려고 심혈을 기울이시면 장군님의 그 로고를 무슨 말로 다 전할수 있겠는가.

껌 한개의 무게는 몇 g에 불과하다.

하지만 그 작은 껌에 실린 우리 장군님의 인민사랑의 무게는 그 무엇으로도 다 헤아릴수 없다.

본사기자

은방울껌 기사『로동신문』2017년 2월 9일

12.

북한의 빵 종류가
아닌 것은?

1 설기

2 말이빵

3 타래빵

4 대빵

Answer

④ 대빵

- 북한의 빵에는 설기, 소빵, 꽈배기, 말이빵, 타래빵 등이 있다.

- 꽈배기과자도 있다.

021-133/261
021-132/261
021-134/26
021-131/261
021-139/261
021-138/261
021-137/261
021-136/261
021-135,

여러가지 빵제품

쵸콜레트밀크크림 경축과자

◁재 료▷

코코아닭알거품	쵸콜레트장식말이 15g
반죽……… 300g	쵸콜레트밥…… 10g
쵸콜레트밀크크림 150g	줄무늬비스케트…1개
꼬냐크진단물… 100g	(12×6cm 짜리)
배단졸임……… 100g	

만드는 방법

① 코코아닭알거품반죽을 직경이 18cm인 원형파자들에 담고 구워 코코아단설기를 만든다. 줄무늬비스케트는 직 3 각형 (밑변 6cm, 옆변 4cm)으로 썰어놓는다.

② 코코아단설기를 수평으로 3등분 되게 편을 내어 사이사이에 꼬냐크진단물과 배단졸임을 바르면서 겹놓는다. 이것을 식힘망에 놓고

우에 쵸콜레트밀크크림을 부은 다음 재빨리 빠다칼로 웃면과 옆면에 매끈하게 한다.

③ 쵸콜레트밀크크림이 굳어지면 파자를 그릇에 담고 옆면밑단에 삼각모양의 줄무늬비스케트를 띄엄띄엄 붙인 다음 쵸콜레트장식말이와 쵸콜레트밥으로 장식하여 낸다.

'쵸콜레트 밀크크림 경축과자', 경축과자는 케이크이다.

55

선흥식료공장의 종합과자

찾아라! 만리마 슈퍼마켓 새우맛 튀기과자

13.

카스테라와 같은 빵을
북한에서는 무엇이라고
하는가?

1	설기
2	솜빵
3	양탄자빵
4	카페트빵

Answer

① 설기

- '설기'는 '카스테라'의 북한식 표기이다.

- 설기에는 넣는 재료에 따라서 빠다단설기, 코코아단설기, 과일찜단설기가 있다.

023-28/47 단설기(350g)
Sponge cake
롯데

023-29/47 단설기(350g)
Sponge cake
롯데

023-30/47 단설기(350g)
Sponge cake
롯데

설기 제품들

021-127/261   021-128/261

021-129/261   021-130/261

14.

소빵에 대한
올바른 설명은?

1 사이즈가 작은 빵

2 소고기를 이용하여 만든 빵

3 빵 속에 속을 넣은 빵

4 혼빵을 위한 용도로 개발된 빵

Answer

❸ 빵 속에 속을 넣은 빵

- 소빵은 빵 속에 소(속)을 넣은 빵이다.

- 소빵은 넣는 재료에 따라서 팥소빵, 딸기단졸임소빵, 사과단졸임소빵, 레몬단졸임소빵 등이 있다.

- 졸임은 재죠를 잼처럼 졸여서 만든 것인데, 설탕이 들어간 경우에는 '단졸임'이라고 한다.

021-158/261
딸기단졸임소빵(80g)
Strawberry jam buns
草莓醬小面包

021-159/261
사과단졸임소빵(80g)
Apple jam buns
苹果醬小面包

021-160/261
팥소빵(80g)
Red bean buns
红豆小面包

021-161/261
레몬단졸임소빵(
Lemon jam buns
柠檬醬小面包

단졸임소빵

찾아라! 만리마 슈퍼마켓 새우맛 튀기과자

15.

똬아리를 틀어 놓은 것처럼
둥글게 말아 놓은 빵을
무엇이라고 하는가?

1 또리빵

2 타래빵

3 말이빵

4 뱀빵

Answer

③ 말이빵

- 말이빵은 실타래처럼 둥글게 말은 빵으로 들어가는 재료에 따라서 이름이 지어진다.

- 말이빵에는 계피가 들어간 계피말이빵, 버터가 들어간 빠다말이빵이 있다.

021-140/261 021-141/261 021-142/261

말이빵들

찾아라! 만리마 슈퍼마켓 새우맛 튀기과자

- 전통 과자 중에서 타래과자가 있는데, 실타래 처럼 말아 놓았다고 해서 타래과자라고 한다.

물, 기름없이 분말로 구워 만든 수제과자

이바이

타래과자

원조

속초명물

경흥은하수식료공장의 딸기맛쵸콜레트

경흥은하수식료공장의 우유맛쵸콜레트

16.

'Chocolate'의 표준어는
초콜릿이다. 북한에서
초콜릿과자의 올바른 표기는?

1 쵸콜레트 과자

2 쵸콜리트 과자

3 초콜릿 과자

4 챠칼릿 과자

❶ 쵸콜레트 과자

- 초콜릿하면 떠 오르는 노래가 있다.
  "키치 치키 차카 차카 초코 초쿄 초코 초"
  "키치 치키 차카 차카 초코 초쿄 초코 초"

- 착하게 살라는 노래다.

- 초콜릿과는 아무 상관 없다.

선흥식료공장의 쵸콜레트과자

쵸콜레트과자 광고

찾아라! 만리마 슈퍼마켓 새우맛 튀기과자

17.

아이스크림 제품을
북한에서는 무엇이라고
하는가?

1	아이스크림
2	아이스크리무
3	얼음보숭이
4	얼음구름

Answer

① 아이스크림

- '얼음보숭이'로 알려져 있다. 그러나 '얼음보숭이'는 외래에 대신 사용하라는 의미의 순화된 말이다. 실제는 잘 사용하지 않는다.

- 아이스크림이라고 더 많이 사용한다. 콘모양으로 된 아이스크림이나 카스테라 형태의 과자 사이에 아이스크림을 넣은 과자도 있다.

- 아이스크림은 넣는 재료에 따라서 '신젖 아이스크림', '쵸콜레트아이스크림' 등이 있다.

여러 아이스크림 제품들

　　　찾아라! 만리마 슈퍼마켓 새우맛 튀기과자

18.

'하드'라고 말하는 막대기 형태의 아이스크림을 무엇이라고 하는가?

1 막대아이스크림

2 이글루

3 아이스케키

4 에스키모

4 에스키모

- 부드러운 아이스크림은 '아이스크림'이라고 하고, 딱딱한 아이스크림은 '에스키모'라고 한다.

029-83/ 100   029-84/ 100   029-85/ 100   029-86/ 100

029-68/ 100

029-67/ 100

029-69/ 100

029-70/ 100

029-74/ 100   029-75/ 100   029-76/ 100

막대 아이스크림인 에스키모 제품들

- 에스키모는 재료에 따라서 '쵸코에스키모', '딸기에스키모', '레몬에스키모', '딸기에스키모' 등이 있다.

- "왜, '에스키모'라고 해요?"
  "남쪽에서는 뭐라고 합네까?"
  "하드"
  "왜. 하드라고 합네까. 에스키모라고 하지 않고?"
  때려주고 싶었다.

- 북한의 에스키모는 생각보다 다양하다. 치즈맛 에스키모도 있고, 대추에스키모도 있다.

- 가장 궁금한 맛은 '띄운콩에스키모'이다.

닭알에스키모

재료

닭알	8알	찹쌀가루	50g
우유	1L	물	150ml
사탕가루	400g		

만드는 방법

① 남비에 우유와 사탕가루를 담고 끓이다가 찹쌀가루를 물에 풀어 조금씩 넣으면서 잘 저어 죽을 쑨다.

② 반죽기에 닭알을 까두고 돌리다가 끓인 죽을 조금씩 넣으면서 고루 섞은 다음 채로 밭아 식힌다. 이것을 크림제조기에 넣고 15분

간 얼구어 에스키모형틀에 채운 다음 웃면을 반듯하게 하고 나무꼬치를 꽂아 랭동기에 넣는다.

③ 에스키모가 완전히 굳어지면 형틀에서 뽑아 낸다.

314

'닭알에스키모' 만드는 법을 소개한 북한의 요리책

딸기얼음과자

◁ 재   료 ▷
딸기············ 1kg   사탕가루········ 1kg
우유············ 1.5L

만드는 방법

① 딸기는 깨끗이 씻어 과일분쇄기에 갈아 채로 밭는다.

② 남비에 우유, 사탕가루, 물 1L 를 담고 끓여 20℃ 되게 식힌 다음 딸기즙을 고루 섞어넣는다.

③ 얼음과자형타에 섞음물을 90%정도 채우고 얼음기계에 넣는다.

④ 섞음물이 30%정도 얼면 나무꼬치를 꽂아 완전히 얼군 다음 꺼내어 셀로판종이에 싸서낸다.

312

'딸기얼음과자' 만드는 법을 소개한 북한의 요리책

19.

건강음료와
'얼음과자' 분야의
최고 공장은?

1	송도원종합식품공장
2	오일건강음료종합공장
3	웜드컵건강음료종합공장
4	릉라얼음과자종합공장

❷ 오일건강음료종합공장

- 오일건강음료종합공장은 건강음료를 전문으로 생산하는 공장으로 출발하여 기능성젖제품을 비롯하여, 과일단묵, 수소수, 천영영양즙을 이용한 다양한 제품을 생산하는 종합식품회사이다.

- 회사명칭인 '오일'은 대동강의 큰 섬인 릉라도에 있는 '5·1경기장'에서 왔다. 오일건강음료종합공장은 '5·1경기장'에 있기 때문에 경기장을 로고로 사용한다.

- 오일건강음료종합회사는 2008년 얼음과자를 만드는 작은 작업반 규모로 출발하여 2015년부터 음료개발을 시작하였으며, 2017년에 현재의 오일건강음료종합공장으로 확장하였다.

5월1일경기장 **오일종합가공공장** O-IL General Processing Factory 五一綜合加工廠

Fax: 850-2-381-4682
☎ 02-370-8312, 02-370-8313, 02-370-8315

수도 평양의 풍치수려한 릉라도 5월1일경기장에 자리잡고있는 오일종합가공공장은 여러가지 천연재료를 리용하여 인민들속에서 수요가 높은 인기있는 건강음료들을 전문생산하는 음료생산 기지입니다. 살균 및 려과, 포장을 비롯한 모든 공정들이 첨단설비들로 장비되고 완벽한 품질관리 체계를 확립한 공장의 주요생산제품은 첨단과학기술이 도입된 수소수와 에네르기활성음료, 기능성젖제품류(우유, 요구르트, 커피우유), 천연과일단물, 기능성차, 과일단묵, 에스키모, 영양 즙을 비롯하여 10여종에 200여가지에 달합니다. 리상적인 항산화제인 수소수와 인체의 생리 활동에 유익한 젖산균이 풍부한 기능성젖제품들, 에네르기대사를 촉진시키고 로화를 방지하는 생리적활성물질들이 함유된 에네르기활성음료, 구기자, 결명자, 단나무, 오미자를 비롯한 천연 열매즙을 리용하여 만든 공장의 기능성건강음료들은 인민들의 건강증진에 적극 이바지하는것으로 하여 언제나 구매자들의 환영을 받고있습니다.

오일건강음료종합공장

- 전국적인 규모의 종합식공장으로 기능성이 첨가된 요구르트, 우유, 과일단묵, 피로회복에 도움이 되는 활성화음료, 불로초꿀, 동충하초영양액을 비롯한 천연음료 등을 생산한다.

- 특히 에레르기활성음료 시리즈와 얼음과자 분야의 선두 식품회사로 100여 종의 음료와 170여 가지의 얼음과자를 생산하고 있다.

오일건강음료종합공장 소개 영상물

찾아라! 만리마 슈퍼마켓 새우맛 튀기과자

20.

'요구르트' 제품의
북한식 표기는?

1 요구르트

2 야쿠르트

3 띠운젖

4 삭인젖

Answer

❶ 요구르트

- 요구르트는 '요쿠르트'로 표기하기도 하고, 신 젖으로 표기하기도 한다.

- 오일건강음료종합공장의 '신젖'제품의 영어 표 기는 'Yogurt'이다.

- 요구르트 제품으로는 딸기요구르트, 사과요구 르트, 복숭아요구르트, 대추요구르트, 영양요구 르트, 포도요구르트, 비타민요구르트가 있다.

오일종합가공공장 O-IL General Processing Factory 五一綜合加工厂
Fax: 850-2-381-4682
02-370-8312, 03-370-8313, 02-370-8315

029-8/100   029-9/100   029-11/100   029-13/100   029-14/100
                                      029-12/100

029-8/100   029-10/100

기능성음료 Functional drinks 功能性饮料		용량/병
029-8/ 100	현미흄료 Unpolished rice drink 糙米饮料	500ml/ 15
029-9/ 100	비타민우유 Vitamin milk 维生素牛奶	260ml/ 18
029-10/ 100	건강장생흄료 Health and longevity drink 健康长寿饮料	260ml/ 18
029-11/ 100	어린이영양우유 Children's nutrient milk 婴儿饮料奶	260ml/ 18
성 셋 Yogurt 酸奶		
029-12/ 100	산유 Yogurt 酸奶	250ml/ 10
029-13/ 100	영양산유 Nutrient yogurt 营养酸奶	330ml/ 8
029-14/ 100	산유 Yogurt 酸奶	360ml/ 20
아이스크림 Ice cream 冰淇淋		
029-15/ 100	블루신장아이스크림 Blueberry yogurt ice cream 桃子仁酸奶冰淇淋	115g
029-16/ 100	호두아이스크림 Walnut ice cream 胡桃冻奶冰淇淋	120g
029-17/ 100	대추아이스크림 Jujube ice cream 枣冰淇淋	120g
029-18/ 100	오곡아이스크림 Five-cereals ice cream 五谷冰淇淋	120g
영양탕 Nutritive tonic 营养汁		
029-19/ 100	영양탕(1) Nutritive tonic 营养汁	70g/50
029-20/ 100	영양탕 Nutritive tonic 营养汁	50g/50

029-20/100

029-15/100   029-17/100   029-18/100   029-19/100

029-16/100

요구르트 제품들

금컵체육인종합식료공장에서

질좋은 폭포처럼 제품들이 쏟아진다

온 나라가 만리마선구자대회를 향한 총돌격전으로 들끓고있는 가운데 금컵체육인종합식료공장에서 비약의 기상을 높이 떨쳐가고있다.

경애하는 최고령도자 김정은동지께서는 다음과 같이 말씀하시였다.

《우리 당은 하늘이 주는 신비한 힘이 아니라 일편단심 백옥같은 충정으로 당과 수령을 받드는 위대한 인민의 정신력을 믿고있으며 세상에서 제일 훌륭한 우리 로동계급의 혁명성과 창조력에 의거하여 사회주의강국건설을 다그치고있습니다.》

강원도정신을 높이 발휘하여 뜻깊은 올해에 다발적이며 련발적인 눈부신 로력적성과로 사회주의강국건설의 분수령을 마련하고 만리마선구자대회를 빛내일데 대한 당의 전투적호소를 높이 받들고 금컵체육인종합식료공장 일군들과 종업원들도 산악같이 떨쳐나섰다.

당조직의 지도밑에 지배인 전옥순동무를 비롯한 공장일군들은 종업원들의 정신력발동을 위한 정치사업을 확고히 앞세우는것과 함께 날로 높이지는 대중의 열의에 맞게 생산조직사업을 치밀하게 짜고들었다. 이 과정에 모든 작업반들에서 높이 세워진 인민경제계획을 기한전에 넘쳐 수행하기 위한 열의가 경쟁적으로 높아졌다.

고기가공작업반의 종업원들이 만리마속도창조대전의 앞장에서 나아갈 드높은 목표를 내세우고 집단적혁신의 불길을 세차게 일으켰다.

종전보다 작업반의 설비들이 더욱 완비되고 제품생산기술이 새롭게 개선된 성과에 토대하여 모든 작업반원들이 올해에 전례없는 생산성과를 이룩하기 위한 투쟁에 한마음한뜻으로 달라붙었다.

작업반에서는 갓 들어온 제대군인종업원들의 기술기능수준을 높이기 위한 사업에 힘을 넣어 불과 한달동안에 그들모두를 기능공으로 키우는 성과를 달성하였다.

이에 기초하여 작업반에서는 증산돌격전의 불길을 더욱 세차게 일으켜 단 몇달만에 상반년 인민경제계획을 150%이상 초과수행하는 실적을 새기였다.

바로 이러한 때에 뜻깊은 태양절을 맞으며 년간 인민경제계획을 앞당겨 완수한 고경찬영웅소대의 투쟁소식에 접한 이곳 작업반원들의 기세는 더욱 충천해졌다.

만리마시대의 첫 선구자작업반의 영예를 떨친 김골의 팡부분조를 경애하는 원수님께서 다녀가신 일터에서 일하는 크나큰 영광을 눈부

신 증산성과로 빛내일 한마음으로 굳게 뭉친 종업원들의 정신력이 최대로 분출된 결과 5월말까지 년간 인민경제계획을 완수하는 놀라운 성과를 이룩하였다.

혁신의 불길은 빵작업반에서도 활활 타올랐다. 이곳 작업반원들은 인민들의 요구수준이 끊임없이 높아지는 현실에 맞게 기술혁신운동을 힘있게 벌려 거의 모든 빵제품들을 새롭게 갱신하였으며 서로 돕고 이끌면서 증산하고 또 증산하였다.

하여 5월 20일현재 상반년 인민경제계획을 훨씬 넘쳐 수행한 기세로 년간 인민경제계획을 앞당겨 완수하기 위한 투쟁의 자욱자욱을 신심있게 새겨가고있다.

이에 뒤질세라 사탕작업반, 껌작업반, 떡작업반을 비롯한 단위의 종업원들도 만리마선구자대회를 승리자의 대회로 빛내일 일념으로 심장을 끓이며 새로운 로력적성과를 련속 이룩하고있다. 장소에 구애됨이 없이 줄기차게 진행되고있는 과학기술보급사업이 매 작업반들의 비약의 열의, 증산열의를 더욱 고조시키고있다.

당의 크나큰 은정속에 세상에 내놓고 자랑할만한 멋쟁이공장으로 전변된 우리 조국의 자랑 《금컵》이 이렇듯 새 기준, 새 기록창조를 위한 총돌격전으로 활화산마냥 끓어번지고있다. 만리마의 기상이 세차게 나래치는 금컵체육인종합식료공장에서 우리 체육인들과 인민들이 좋아하는 제품들이 날에날마다 폭포처럼 쏟아지고있다.

본사기자 오철룡

금컵체육인종합식료공장을 소개한 『로동신문』 2017년 6월 14일자 기사

찾아라! 만리마 슈퍼마켓 새우맛 튀기과자

21.

'주스'의 북한식 표기는?

1 주스

2 단물

3 꿀물

4 당물

Answer

❷ 단물

- 주스를 '단물'이라고 한다는 것은 많이 알려진 사실이다.

- 설탕과 과일 성분이 들어간 물이라는 의미로 단물이라고 한다.

- 재료에 따라서 살구즙단물, 비타민나무단물, 구기자단물, 들쭉단물, 배단물, 귤단물, 레몬단물, 오미자단물, 결명자단물 등이 있다.

'단물' 제품들

배단물 제조영상

찾아라! 만리마 슈퍼마켓 새우맛 튀기과자

22.

'콜라'가
북한에 가면
무엇이 될까?

1 검은 단물

2 미제의 단물

3 코코아향탄산단물

4 코크

Answer

❸ 코코아향탄산단물

- 단물에 탄산이 들어가면 '탄산단물'이라고 한다.

- 탄산단물은 첨가하는 성분에 따라서 가시오갈 피탄산단물, 귤향탄산단물, 배향탄산단물 등이 있다.

- 쑥탄산단물도 있다는데, 맛이 어떨지…

- 콜라는 코코아향에 탄산이 들어간 단물이라는 의미로 '코코아향탄산단물'이라고 한다.

012-36/40
콜탄산단물(500ml)
Orange flavor carbonated juice
橘香汽水

012-38/40
코코아탄산단물(1.25L)
Cocoa flavor carbonated juice
可可香汽水

012-39/40
코코아탄산단물(500ml)
Cocoa flavor carbonated juice
可可香汽水

북한산 콜라인 코코아탄산단물

이거 이름이 뭐에요?
코코아향 탄산단물

출처 : JTBC 이규연의 스포트라이트 '단독공개! 21일간 북한 취재'

찾아라! 만리마 슈퍼마켓 새우맛 튀기과자

23.

'사이다'는
북한에서
무엇이라고 할까?

1	사이다
2	흰탄산단물
3	까스단물
4	무당탄산수

Answer

❶ 사이다

- 사이다는 '사이다'라고 한다.

- 사이다는 첨가하는 향료에 따라서 레몬향사이
다, 사과향사이다, 배향사이다 등이 있다.

과일향 사이다 제품들

룡성 배단물과 룡성사이다

롱성 배사이다

찾아라! 만리마 슈퍼마켓 새우맛 튀기과자

24.

영양 기능을 강조한 빵이 아닌 것은?

1 종합비타민빵

2 리진빵

3 칼시움빵

4 호빵

❹ 호빵

- 북한 과자에는 영양성
  분을 강조한 사탕이나
  빵이 있다.

- 빵에 영양소를 첨가한
  빵으로는 종합비타민
  빵, 칼시움빵, 리진빵
  이 있다.

- 리진빵은 다음 퀴즈로.

25.

'리진빵', '리진영양과자'에
들어 있는 '리진'은
어떤 효능이 있을까?

1	성장을 촉진하는 기능
2	머리를 맑게하는 기능
3	살까기(다이어트) 기능
4	간 보호 기능

Answer

❶ 성장을 촉진하는 기능

- '리진'은 성장 촉진에 도움이 된다고 하는 아미노산의 하나인 리신(lysine)의 북한식 표기이다.

- 리진빵, 리진영양과자는 성장을 촉진하는 리신 성분이 들어 있다고 한다.

- 과자를 자세히 보면 옆에 기린이 있다. 키가 커진다는 것을 강조한 디자인이다.

찾아라! 만리마 슈퍼마켓 새우맛 튀기과자

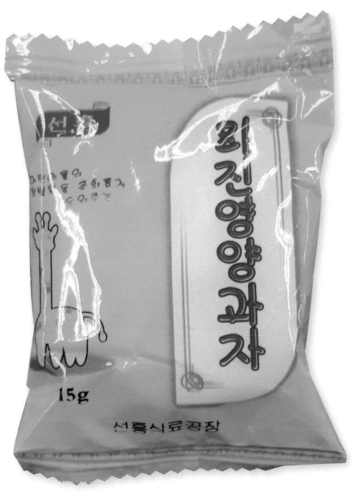

신흥식료공장의 리진영양과자

키토산 성분이 포함된 송도원종합식료공장의 키토잔영양사탕

찾아라! 만리마 슈퍼마켓 새우맛 튀기과자

26.

'토마토(tomato) 과자'의 북한식 표기는?

1	토마토과자
2	토마도과자
3	도마토과자
4	도마도과자

Answer

❹ 도마도과자

- 토마토의 문화어 표기는 '도마도'이다. 토마토로 과자를 만들까 싶지만 도마도과자는 있다.

- 북한에서 토마토는 영양간식이나 생일상에 오를 정도로 대접을 받는 채소다.

- 북한의 대표적인 종합식료회사인 선흥식료공장에서 만든 도마도과자가 있다.

- 선흥식료공장은 평양시 만경대구역 칠골2동에 있다.

- 알아둘 필요는 없다.

선흥식료공장의 도마도과자

27.

우리의 'KS마크'처럼
북한에서 과자를 만드는
기준을 무엇이라고 하는가?

1 NK마크

2 국기(국가기준)

3 국규(국가규격)

4 ISO

Answer

❸ 국규(국가규격)

- 우리의 KS에 해당하는 규격을 '국가규격'이라고 하는데, 표기할 때는 줄여서 '국규'라고 한다.

- ISO는 'International Organization for Standardization'의 약자로 국제표준화기구 이다.

- 북한도 ISO 가입국으로 생산관리체계를 강조 하면서 ISO 마크를 붙인 제품이 많아졌다.

106   찾아라! 만리마 슈퍼마켓 새우맛 튀기과자

국규마크를 붙인 운하대성식료공장의 종합과자

ISO 22000 인증을 표시한 선흥식료공장의 종합과일사탕

찾아라! 만리마 슈퍼마켓 새우맛 튀기과자

28.

북한에 없는
과자는?

1 치즈과자

2 커피과자

3 빠다과자

4 개피과자

Answer

4 개피과자

- 개피과자는 없다.
- 계피과자는 있다.

계피과자

치즈과자

커피과자

빠다과자

29.

건강기능성 스포츠 음료는?

1. 역도산

2. 이온음료

3. 생기력 음료

4. 에네르기 활성음료

❹ 에네르기 활성음료

- 대표적인 에네르기활성음료로는 오일건강음료 종합공장의 에네르기활성음료 시리즈가 있다.

기능성을 강조한 에네르기 활성음료 광고

오일건강음료종합가공공장의 에네르기 활성음료 홍보영상

찾아라! 만리마 슈퍼마켓 새우맛 튀기과자

30.

에네르기 활성 음료의
기능과 관련 없는 것은?

1	피로회복 및 영양보충
2	코로나 면역 증가
3	힘살증가
4	면역기능강화

Answer

❷ 코로나 면역 증가

- 북한의 대표적인 기능성 음료공장인 오일건강 음료종합가공공장에서 출시한 건강음료 시리즈는 기능에 따라서 나누어진다.

- 음료수 겉면에 숫자와 특성화된 기능이 표시되어 있는데, ① 에네르기활성, ② 광물질보충, ③ 힘살증가, ④ 피로회복 및 영양보충 기능을 강화한 음료이다.

찾아라! 만리마 슈퍼마켓 새우맛 튀기과자

31.

기본 재료에 설탕을 넣고
졸여서 속을 넣은 빵을
무엇이라고 하는가?

1 ○○단졸임빵

2 ○○잼빵

3 ○○앙고빵

4 ○○단설기

Answer

❶ ○○단졸임빵

- 단졸임빵은 설탕을 넣고 졸인 재료가 들어간 빵으로 딸기단졸임빠다빵, 귤단졸임빵 등이 있다.

- 졸임은 재료를 조리하는 방법으로 빵에 만 있는 것이 아니다.

- 영양단졸임은 건강에 좋은 재료를 졸여서 환으로 만든 제품이다.

021-158/261
딸기단졸임소빵(80g)
Strawberry jam buns
草莓醬小面包

021-159/261
사과단졸임소빵(80g)
Apple jam buns
苹果醬小面包

021-160/261
팥소빵(80g)
Red bean buns
紅豆小面包

021-161/261
레몬단졸임소빵(8
Lemon jam buns
柠檬醬小面包

여러 형태의 졸임소빵

찾아라! 만리마 슈퍼마켓 새우맛 튀기과자

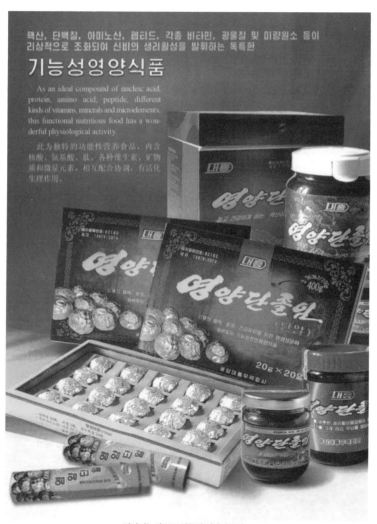

핵산, 단백질, 아미노산, 펩티드, 각종 비타민, 광물질 및 미량원소 등이
리상적으로 조화되어 신비의 생리활성을 발휘하는 독특한

기능성영양식품

As an ideal compound of nucleic acid,
protein, amino acid, peptide, different
kinds of vitamins, minerals and microelements,
this functional nutritious food has a won-
derful physiological activity.

此为独特的功能性营养食品，内含
核酸、氨基酸、肽、各种维生素、矿物
质和微量元素，相互配合协调，有活化
生理作用。

건강기능성 보조식품인 영양단졸임

중국과 북한 접경지에서 볼 수 있는 북한 식료품(젤리)

찾아라! 만리마 슈퍼마켓 새우맛 튀기과자

32.

북한에서는 강정도
인기있는 과자이다.
다음 중 북한에 없는 강정은?

1	치킨강정

2	국수강정

3	강냉이튀기강정

4	쵸콜레트영양강정

Answer

① 치킨강정

- 우리도 강정이 있으나 과자로서 강정보다는 닭 강정으로 더 많이 알려져 있다.

- 강정과자는 상대적으로 북한에서 특성화된 과 자 종류라고 할 수 있다.

021-185/261 국수강정	Jelly-coated noodles	面条米花 (800g)
021-186/261 양파맛강정	Onion flavor kangjong	洋葱香米花 (700g)
021-187/261 쌀강정	Jelly-coated rice	米花 (1kg)
021-188/261 기름작물종합강정	Jelly-coated oil fruits	油料作物米花 (400g)

- 강정은 재료에 따라서 과자의 명칭이 붙는데, 국수강정, 양파맛강정, 쌀강정, 기름작물종합강정, 파맛강정, 종합알곡강정, 호박씨강정, 살구씨강정, 강냉이튀기강정, 쵸콜레트영양강정 등이 있다.

- 강정의 맛을 더하기 위하여 원재료에 향을 첨가하여 딸기향〇〇강정, 귤향〇〇강정, 우유향〇〇강정과자도 있다.

- 맥주안주로 많이 먹는 김맛강정은 강정에 김을 첨가한 강정과자이다.

- 치킨강정은 아직 들어보지 못하였다.

선흥식료공장의 호박씨강정

맥주과자

◁ 재   료 ▷

밀가루쉬움반죽	닭알………1일
……250g	탄산암모니움10g
밀가루… 250g	중조…… 3g
보드라운 사탕	간장졸임액 200g
가루……100g	튀기용기름
밀크크림…50g	

만드는 방법

① 반죽기에 밀가루쉬움반죽과 밀가루를 넣고 저속으로 돌리면서 반죽하다가 밀크크림, 닭알, 보드라운 사탕가루, 탄산암모니움, 중조를 넣고 겉면이 윤기가 날 때까지 반죽한다.

② 반죽을 두께 0.3cm정도 되게 민 다음 길이 4cm, 너비 0.4cm 정도 되게 썰어 180℃의 기름에 넣고 서로 붙지 않게 저어주면서 연한 밤색이 나게 튀긴다.

③ 튀겨낸 과자를 참대나 싸리나무로 엮은

광주리에 담아 180℃의 구이로에 10분정도 넣어두었다가 꺼내어 뜨거운 간장졸임액을 부으면서 광주리를 힙있게 돌려준다. 간장물이 과자에 고루 묻으면 다시 구이로에 넣어 말리워 낸다.

잣맥주과자

◁ 재   료 ▷

밀가루쉬움반죽	밀크크림…50g
……250g	닭알………1일
밀가루… 250g	탄산암모니움10g
닦은 잣…150g	중조…… 3g
보드라운 사탕	간장졸임액 200g
가루……100g	튀기용기름

만드는 방법

① 반죽기에 밀가루쉬움반죽, 밀가루를 넣고 저속으로 돌리면서 반죽하다가 닭알, 밀크크림, 보드라운 사탕가루, 탄산암모니움, 중조를 넣고 겉면이 윤기가 날 때까지 되직하게 반죽한다.

② 반죽을 두께가 0.3cm정도로 민 다음 길이 4cm, 너비 0.4cm정도 되게 썰어놓는다.

③ 썰어놓은 반죽을 180℃의 기름에서 연한 밤색이 나게 튀긴 다음 싸리광주리에 담아 180℃ 정도의 구이로에 10분정도 넣어둔다. 닦은 잣

은 다진다.

④ 과자가 뜨거워지면 로에서 꺼내어 간장졸임액을 부으면서 광주리를 힙있게 돌려준다. 이때 다진 잣을 고루 뿌려준다. 이것을 다시 구이로에 넣고 말리워 그릇에 담아 낸다.

77

맥주과자와 잣맥주과자

33.

북한에서 우유 및
우유를 가공한 제품 일체를
지칭하는 용어는?

1	유제품

2	젖제품

3	유산슬

4	젖음료

Answer

❷ 젖제품

- 우유와 유가공 식품을 젖제품이라고 한다.

젖제품은 오일건강음료종합가공공장의 주력상품 가운데 하나이다.

찾아라! 만리마 슈퍼마켓 새우맛 튀기과자

34.

발효한 우유제품은 무엇인가?

1 호묘우유

2 신젖

3 삭인젖

4 젖산우유

Answer

❷ 신젖

- 우유를 비롯한 유가공제품에는 우유, 신젖, 요구르트, 소젖 등이 있다.

- 우유에는 아무 것도 첨가하지 않은 우유와 첨가제를 넣은 우유가 있다.

- 첨가제를 넣은 우유로는 영양성분을 넣은 칼시움우유, 비타민우유, 어린이영양 우유가 있고, 과일이나 곡물을 넣은 우유로는 딸기우유, 사과우유, 강냉이우유, 커피우유, 복숭아우유, 향참외우유(머스크레몬우유) 등이 있다.

- 발효한 우유 제품으로는 신젖, 요구르트가 있다.

- 요구르트는 요구루트라고 하기도 하고, 신선하다는 것을 강조하여 소젖요구르트라고도 한다.

- 콜라겐요구르트도 있는데, 어떤 맛인지 정말 궁금하다.

찾아라! 만리마 슈퍼마켓 새우맛 튀기과자

023-3/47
딸기향우유
Strawberry flavor milk
草莓香汽水

023-5/47
사과우유
Apple flavor milk
苹果香牛奶

023-6/47
복숭아우유
Peach flavor milk
桃香牛奶

023-7/47
딸기우유
Strawberry flavor

023-4/47
복숭아향우유

029-9/100

029-11/100

029-12/100

029-13/100

029-14/100

다양한 우유제품과 신젖 제품

중국에서 볼 수 있는 북한의 식료품

찾아라! 만리마 슈퍼마켓 새우맛 튀기과자

35.

선흥식료공장의 '락화생닭알과자'를 정확히 '료해'한 사람은?

1 철수- 식용 꽃을 넣어서 만든 달걀 모양의 과자

2 희철- 유정란으로 만든 계란과자

3 성원- 땅콩과 계란을 넣은 과자

4 재석- 꽃 모양으로 만든 달걀과자

3 성원- 땅콩과 계란을 넣은 과자

- '락화생'은 '땅콩'이며, '닭알'은 '달걀'의 문화어 표기이다.

- 락화생 닭알과자는 땅콩과 계란을 이용하여 만든 과자이다.

선흥식료공장의 락화생 닭알과자(땅콩계란과자)

신포원양수산련합기업소의 명태간을 이용한 간유알사탕

찾아라! 만리마 슈퍼마켓 새우맛 튀기과자

36.

북한의 '파맛튀기과자'와
싱크로율이 가장 높은
과자는 ?

1 양파링

2 고구마깡

3 감자깡

4 뻬뻬로

Answer

❶ 양파링

- 튀기는 기름에 튀긴 스넥을 일컫는 북한말이다.

- 파맛튀기과자는 북한식 양파링이다.

- 맥주안주로 많이 곁들여지는 과자이다.

찾아라! 만리마 슈퍼마켓 새우맛 튀기과자

맥주안주로 인기높은 파맛튀기과자

릉라회사의 튀기과자

찾아라! 만리마 슈퍼마켓 새우맛 튀기과자

37.

'○○사탕'처럼 여러 가지 재료를 넣은 사탕을 무엇이라고 하는가?

1	알사탕

2	속사탕

3	핵사탕

4	분자사탕

Answer

❷ 속사탕

- 속사탕은 재료에 따라서 이름이 달라진다.

- 땅콩이 들어간 락화생속사탕, 커피쵸콜레트속
  사탕, 찔광이맛속사탕, 오미자속사탕, 팥향속사
  탕, 귤향쵸콜레트속사탕, 사과단졸임속사탕 등
  이 있다.

과일, 커피, 초콜릿을 이용한 속사탕 제품들

과일, 커피, 초콜릿을 이용한 속사탕 제품들

금성식료공장의 록차맛 사탕(위)
락원식료공장의 복숭아맛 사탕(아래)

38.

'베이커리(Bakery)'에 대한 북한식 표기는 무엇인가?

1	베이커리

2	빵가게

3	빵집

4	스넥바

Answer

❸ 빵집

• 베이커리(Bakery)는 그대로 빵집이다.

2013년 10월에 김정은 총비서가 방문했던 문수해당화 빵집

찾아라! 만리마 슈퍼마켓 새우맛 튀기과자

39.

'빼빼로'와 가장 유사한 과자는?

1 땅콩막대과자

2 땅콩쵸코레트과자

3 락화생맛막대과자

4 락화생맛꼬치과자

④ 락호사생맛꼬치과자

- 락화생은 땅콩이다.

- '막대과자'는 막대부분을 먹지 못하지만 '꼬치과자'는 막대부분을 먹을 수 있다.

- '꼬치사탕'은 막대사탕이다.

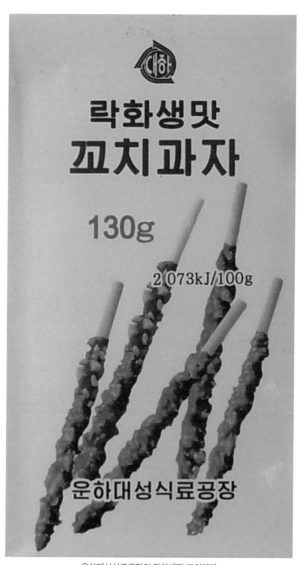

운하대성식료공장의 락화생맛 꼬치과자

운하대성식료공장의 꼬치사탕

찾아라! 만리마 슈퍼마켓 새우맛 튀기과자

40.

북한에서
과자를 선물로
받는 날은?

1 광복절

2 태양절

3 부활절

4 크리스마스이브

② 태양절

- 북한에서 과자는 마트에서 쉽게 구할 수 있는 먹거리나 상품보다는 정치적 의미로 먼저 다가 온다.

- 과자는 곧 특별한 날에 받는 선물로 최고지도자의 인민에 대한 사랑과 은정을 상징한다.

- 최고지도자의 생일이나 당창건일, 공화국창건일 같은 주요 명절날에 받는 선물이었다.

- 과자를 만들고 공급하는 식료공장과 급양봉사 단위들 역시 '다양한 식생활문화를 창조하고, 마음껏 향유할 수 있도록 온갖 사랑과 은정을 베풀어주신 최고지도자의 숭고한 인민사랑의 뜻을 받들어 과자를 만들어야 한다'고 다짐한다.

41.

생맥주부터
과자 육가공식품까지
생산하는 종합식품공장은?

1 조선어린이식료공장

2 대동강종합과자공장

3 운하대성식료공장

4 원산해운식료공장

Answer

❸ 운하대성식료공장

- 운하대성식료공장은 북한의 대표적인 종합식품회사로 자동화된 생산시설을 갖추고 생맥주(11°)부터 사탕, 과자, 빵, 육가공식품, 아이스크림, 커피, 맛내기, 가공식품, 탄산음료에 이르기까지 등의 300여 종의 식료품을 생산한다.

- 운하대성식료공장의 과자 브랜드는 '대하'이다.

- 식료공장 앞에 '운하'라고 한 것은 공장이 평양시 보통강구역 운하동에 있기 때문이다.

- 대외수출을 전문으로 하는 운하대성무역회사를 운영하기도 한다.

운하대성식료공장의 종합과자

은하대성식료공장의 쵸콜레트과자

찾아라! 만리마 슈퍼마켓 새우맛 튀기과자

42.

새로운 과자를 개발하고, 장려하기
위하여 김정은 위원장의 지시로
2016년부터 매년 진행하는 행사는?

1 사탕과자조각 전시회

2 전국과자기술인 경연대회

3 사탕디자인경연대회

4 전국제빵경연대회

Answer

① 사탕과자조각 전시회

- 북한에서는 사탕조각을 공예 예술의 한 영역으로 인정하면서, 2016년부터 김정은위원장의 지시로 매년 4월 15일 태양절을 즈음하여 사탕, 과자조각 전시회도 개최하고 있다.

- 사탕조각전시회는 "당의 령도 밑에 날로 높아지는 우리의 식생활문화와 문명수준을 잘 보여주"는 전시회로 성황리에 개최하고 있으며, 주요 성과를 언론에 공개하고 있다.

- "사탕조각품은 사탕을 기본원료로 하여 여러 가지 동식물과 풍경, 건축물, 인물 등을 형상한 먹기도 하고 감상도 할 수 있게 만든 당 공예품이다"(「특색 있는 장식 및 기념품 - 사탕조각품」, 『로동신문』, 2016년 11월 27일.)

특색있는 장식 및 기념품 - 사탕조각품

위대한 령도자 김정일동지께서는 다음과 같이 교시하시였다.

《우리는 료리를 적극적으로 발전시켜 시대의 요구에 맞게 우리 인민들의 식생활양식과 식생활문화에서 변혁을 일으키도록 하여야 합니다.》

최근 여러 나라들에서는 식생활문화에 대한 사람들의 요구가 날로 높아감에 따라 사탕조각품 제조기술을 발전시키고있다.

사탕조각품은 사탕을 기본원료로 하여 동식물과 풍경, 건축물, 인물 등을 형상한 먹기도 하고 감상도 할수 있게 만든 당공예품이다.

아시아의 여러 나라들에는 오래전부터 엿으로 동식물과 인물 등을 형상하여 생일과 민속명절들에 이들에게 주는 풍습이 있다. 유럽에서는 19세기경부터 보드라우 흰 사탕가루로 반죽한것을 주로 설기과자장식에 리용하여왔으며 그후 사탕반죽을 얇게 밀어서 여러가지의 기법

으로 부각공예품을 형상하여 연회상과 연회장을 장식하였다.

1990년대부터 사탕조각품제조기술이 급격히 발전하기 시작하여 이제로운 색갈과 투명함, 투명사탕조각품들이 나와 국가적 회장들과 식료품전시회장들, 고급식당들에서 장식용으로, 명절날이나 생일에 주는 기념품으로 특색있게 리용되고있다.

오늘날 사탕조각품제조기술은 료리장식기술수준을 평가하는 기본지표의 하나로, 사탕조각품경연은 국제료리경연에서 주종목의 하나로 되고있다.

최근 사탕조각품제조기술발전에서 주목되는 문제는 우선 질좋은 원료와 보조원료들을 리용하여 사탕반죽들의 투명성과 빛윤성을 개선함으로써 정교한 투명사탕조각품들을 제조하고있는것이다.

또한 여러가지 현대적인 도구들과 설비들을 도입하여 사탕조각품제조에 드는 시간과 로력을 절약하면서 품질을 높이고있는것이다. 어느 한 나라에서는 발명한 지능유압식사탕조각품제조기는

설정된 도안대로 평면우에 음악에 맞추어 사탕조각품을 자동적으로 빨리 질적으로 만들어낸다고 한다.

또한 다양한 기법으로 사탕조각품의 예술적형상수준을 높이고있는것이다. 한두가지 방법으로 비교적 단순한 모양의 제품들을 만들면 이전의 전통적인 사탕조각품제조기술과는 달리 최근에는 형상대상의 사탕반죽물을 반복연신하는 겨기법, 공기를 불어넣는 불기법, 뜨거운 졸임물을 형태에 부어 굳히는 형타성형법 등의 기법들을 립체적으로 적용함으로써 형상의 폭을 넓히고있다. 단순한 료료품과 료리장식에 리용하는 사탕조각품인 경우에는 주제와 크기, 색조화, 놓는 위치 등을 고려하여 배합효과를 높이고있다.

뜻깊은 올해의 태양절을 맞으며 우리 나라에서 처음으로 열린 사탕조각전시회는 당의 령도밑에 날로 높아지는 우리의 식생활문화와 문명수준을 잘 보여주고있다.

본사기자

사탕조각품을 소개한 기사, 『로동신문』 2016년 11월 27일.

꽃피는 우리 문화, 발전하는 식료가공기술

제4차 사탕, 과자조각전시회를 보고

뜻깊은 태양절을 맞으며 총칭수려한 보통강반에 자리잡은 청류관에서 전형된 제4차 사탕, 과자조각전시회는 수도시민들에 기쁨과 웃음, 즐거움을 안겨주고 있어 사탕, 과자조각기술의 발전면모를 잘 보여주었다.

위대한 령도자 김정은동지께서는 다음과 같이 말씀하시였다.

《사회주의 문명 건설을 다그쳐야 합니다.》

이번 전시회에는 새로운 형식의 사탕, 과자조각품들이 많이 출품되고 조형화, 예술화수준이 훨씬 높아진것으로 하여 참관자들의 반향이 컸다.

청류관에서는 《내 나라 제일로 좋아》, 《손에 손잡고 통일향한길우로 힘차게》, 《모란봉 교예》, 《락원을 가다》, 《타오르는 형상수단의 새로운 사탕, 과자조각품들이 출품하였다. 특히 천송이가 넘는 설하지 꽃봉우리의 꽃을 형상한 세밀하게 형상한 사탕조각 《금구나무》는 4월의 봄날 은정 꽃이 만발하였고 아름다운 경관을 집약적으로 보여주었다. 그리고 인민들과 상봉을 상상해, 의미심장한 사탕, 과자조각품들을 많이 전시하여 청류관은

푸른 손님들에게 기쁨과 즐거움을 안겨주었다.

옥류관에서는 《철갑상어와 자라》, 《모란봉의 첨》, 《봄풍경》, 《모란봉》 등 형상수준이 세밀하고 실용적양 생동한 조각품을 많이 전시하여 참관자들의 심취하였다.

날일이 이룬 베이 형상한 《여덟이룬》의 세밀하면서도 립체적인 이것을 모두 5일분량의 완성하여 《우차》바탕되는 옥류관 료리사들의 세련된 기교로 장만되였을 볼수 있게 했다.

평양교원종합대학에서 내놓은 조각품 《전통음식》은 사탕의 투명성을 살려 수많개의 탈림을 붙여 부시정통화된 힘들을 방불하게 형상하였으므로 사람들의 감탄을 자아냈다.

평방산호텔에서는 《떡바라기》, 《사과》 등을 걸었으나 모양이 특이하였던 《금잉어》는 이 어째나 신통하나 아 거뭇꿈같한 금식 풀에서 전세 고기비늘한 보이도 새롭은 잉어를 형상해 다는 것을 하였다고 알려져 하였다.

《우화》를 볼 본 외국인들은 조선의 색갈이 아주 곱고 섬세하다고 하면서 엿이 새택말이 금시 풀리기는 것 같다고 하였다. 《데바라기》가 내 려앉은 꿀벌 두마리는 육각사 방의 쿰이 두 생동하여 믿기 어렵을 정도였다.

송도원종합식료공장과 배송칭합식료공장에서는 생동한 조각품들을 전시하여 사 람들의 이목을 끌었다.

평양교대의 사탕조각 《소나무》, 《신선어》로 처음으로 된 것으로 하여 사람들의 관심을 집중시켰고, 《아름다운 공작새》 에서는 《백조》, 《공룡산》, 《공룡가위주》와 같이 출동정

운동감이 풍부한 대상들을 실감이 나게 형상하였다.

장만산호텔에서는 《시력식장》을 료료로 처음이 착주시는 탐비비하니 새벽의 푸른도전차를 등 현실을 전실하면서 형상을 새롭게 하였다.

평양호텔에서는 사탕조각으로 《황구양》, 《소나무》, 《신선어》등 대상들의 특성이 살도록한 평양교대의 조형에서는 《아름다운 공작새》

료리사들의 시범출연도 전시회분위기를 더해 이채를였다.

경흥은하수식료공장이나 금강식료공장은 비롯한 각지 식료공장들과 청년운동상애상한 단위들에서도 우수한 작품들을 많이 내놓았다.

제4차 사탕, 과자조각전시회는 료리가공, 식료가공에서 조형화, 예술화수준을 더욱 높이고 인민들의 물질문화생활을 다채롭게 하려는 적극이바지한 의의깊은 계기로 되였다.

글 및 사진 본사기자 리수정

2019년 제4차 사탕, 조각전시회를 보도한 『로동신문』 기사. 2019년 4월 14일.

159

- 사탕, 과자조각 전시회는 크게 사탕조각과 과자조각으로 나누어 창작물로 경연을 벌이는데, 북한의 주요 건축물, 만화영화 주인공, 동물형상의 창작물 등을 주제로 작품으로 경연을 치른다.

- 입선한 작품에 대해서는 개인과 단체에 대한 상장과 증서, 메달이 주어진다.

과자나 빵은 단순한 먹거리를 넘어 예술의 영역으로 인정받고 있다.
서울 양재동AT센터에서 열린 2019 음식관광 박람회

찾아라! 만리마 슈퍼마켓 새우맛 튀기과자

43.

체육인종합식료공장에서
생산하는 제품의
브랜드는?

1 월드컵

2 금컵

3 은컵

4 금메달

❷ 금컵

- 체육인종합식료공장의 과자 브랜드는 체육경기에서 우승을 의미하는 '금컵'이다.

- 체육인종합식료공장은 김정은 시대에 들어 빠른 성장을 한 기업으로 알려져 있다. 체육의 중요성을 강조하면서, 기업도 성장하였다고 한다.

금컵체육인종합식료공장의 코코아젖사탕

효능높은 영양단졸임

경애하는 최고령도자 김정은동지께서는 다음과 같이 말씀하시였다.

《우리의것을 귀중히 여기고 빛내여나가는 여기에 조선민족제일주의가 있으며 내 나라, 내 조국의 존엄을 떨치고 부강번영을 앞당기는 참다운 애국이 있습니다.》

평양시대롱관리국 산하단위에서 생산하고있는 세계적인 경쟁력을 가진 우리 식의 효능높은 영양단졸임이 사람들의 주목을 끌고있다.

이 영양단졸임은 단백곤충인 갈색쌀방아빌레번데기를 주성분으로 하여 만든 기능성영양식품이다.

김강호동무가 지배인으로 사업하는 단위에서 생산하고있는 영양단졸임은 제3곤충산업시대를 대표하는 기능성영양식품들중의 하나이다.

세계적으로 단백곤충에 의한 기능성영양식품개발에 대한 관심이 날로 높아지면서 이와 관련한 분야가 식료, 제약공업에서 분리되어 하나의 독자적인 산업형태로 발전하는 경향을 보이고있다.

자료에 의하면 곤충산업은 3단계로 발전하여왔다. 제1곤충산업은 누에에 의한 2 000년의 력사를 가지고있으며 제2곤충산업은 꿀벌에 의한 수백년의 력사를 가지고있다. 제3곤충산업은 단백곤충의 리용으로 발전하고있다. 수많은 곤충가운데서 식용으로 리용할수 있는 곤충은 수십만종에 달하며 이것은 지구상에서 아직 충분히 개발되지 못한 생물자원으로 되고있다. 번식속도가 빠르고 영양가가 높은 단백곤충가공식품은 그 맛이 좋고 단백질과 비타민, 미량원소가 많으며 기름질이 적은것과 같은 특성이 있어 사람들속에서 21세기의 식품으로 불리우고있다.

이곳에서 생산하고있는 우리 식의 독특한 기능성영양식품인 영양단졸임은 단백곤충을 주원료로 하고 다른 영양원소들을 포함하고있는것으로 하여 매우 좋은 생리적활성을 나타낸다.

이 영양단졸임과 그 제조방법은 특히로 등록되였으며 제32차 전국과학기술축전에서 1등으로 평가되였다. 세계적으로 단백곤충리용분야에서 앞자리를 차지하고있다고 하는 유럽의 어느 한 나라에서는 이 영양단졸임에서 중요한 영양원소를 발견하고 놀라움을 금치 못하였을뿐이 니라 여러 동아시아나라들에서도 이 영양단졸임에 대한 수요가 계속 높아지고있다고 한다.

이 영양단졸임은 세계적인 기능성영양식품들을 당당하게 압도하려는 김강호동무를 비롯한 연구집단의 야심만만하고 확고부동한 의지와 창조적열정의 산물이다.

만리마의 기상으로 전진하는 시대의 숨결에 발맞추어 세계적인 경쟁력을 가진 우리의 명제품, 최상의 질이 보장된 우리의 명상품을 기어이 내놓겠다는 각오를 안고 연구집단은 두뇌전, 기술전을 벌렸다.

김강호동무는 분초를 쪼개가면서 독특한 영양원소들에 대한 유효성검로를 진행하여 합리적인 기준량을 확증하였다.

영양단졸임은 단백곤충을 미생물효소처리하여 단백질, 펩티드, 이미노산, 미량원소 등의 함량을 높인 제품으로서 사람의 몸에서 질병과 쇠약, 로화의 원인으로 되는 로폐물을 제거하고 생리적활성을 급속히 높이는것으로 하여 영양보충, 키크기, 피로회복 등에 효과가 있으며 호흡기질병예방, 관절염, 허리와 머리아픔 등의 치료에 리용할수 있는 각종 형태의 효능높은 제품으로 생산되고있다.

우리의 설비, 원료, 자재, 기술에 의하여 완전히 국산화된 영양단졸임은 오늘 우리 어린이들과 청소년들의 키를 크게 하고 두뇌를 발달시키며 어른들의 피부를 부드럽게 하고 건강을 담보하는 실질적인 효과를 나타내는것으로 하여 사용자들속에서 큰 호평을 받고있다.

지배인 김강호동무는 말하였다.

《세계적인 명제품, 명상품은 결코 현대적인 설비가 갖추어진 큰 기업소에서만이 내놓을수 있는 것이 아니라고 생각합니다. 어디서나 과학기술을 확고히 틀어쥐고 우리의 힘과 지혜로 땅에 기름을 드릴수 있는 가치있는 성과를 한가지라도 더 많이 창조해 내놓기 위해 노력한다면 사회주의강국건설은 더욱 다그쳐지게 될것입니다. 우리는 이룩된 성과에 만족함이 없이 세계에 도전하여 더 좋은 우리의것을 내놓기 위해 모든것을 다하겠습니다.》

오늘도 연구집단은 평양시대롱관리국 일군들의 적극적인 지지와 방조속에 단백곤충가공식품분야에서 세계적인 패권을 쥐기 위해 분발하고있다.

본사기자 지혁철

44.

건강보조식품인 '현궁불로정'을
비롯하여 아이스크림, 과자의
재료로 사용하는 작물은?

1 쌀

2 보리

3 콩

4 옥수수

Answer

③ 콩

- 북한 만화영화 <찰칵이가 찍은 사진>은 콩이 얼마나 건강한 식품이며 유용한 식품인지를 알려준다.

- 자랑대회에 나선 혈궁불로정이며, 콩사탕, 아이스크림 등의 여러 식품들이 사실은 콩을 주요 원료로 하였다는 것을 알려준다.

콩의 우수성을 알려주는 만화영화 <찰칵이가 찍은 사진>

찾아라! 만리마 슈퍼마켓 새우맛 튀기과자

45.

평양 껌공장에서
생산하는 껌의
대표 브랜드는?

1 날풍선

2 입방울

3 금방울

4 은방울

Answer

❹ 은방울

- 평양껌공장은 평양시내 통일거리에 있는 대표적인 껌전문 공장으로 2003년에 껌전문공장으로 문을 열었다.

- 박하껌, 딸기껌, 포도껌, 판껌, 알껌 등을 생산한다.

평양 껌공장의 은방울 바나나향 껌

찾아라! 만리마 슈퍼마켓 새우맛 튀기과자

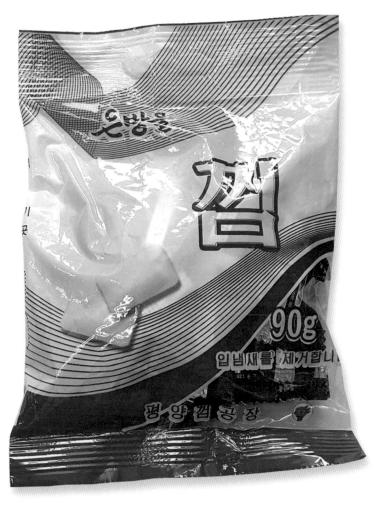

평양 껌공장의 은방울 껌

송도원 종합식료공장을 방문한 김정은위원장 기사, 『로동신문』 2018년 7월 26일.

찾아라! 만리마 슈퍼마켓 새우맛 튀기과자

46.

'12월15일품질메달' 시상 분야가 아닌 것은?

1	과일빵
2	커피사탕
3	종합과자
4	영양단물

❹ 영양단물

- 북한에서는 소비재 제품과 관련하여 분야별 최우수 품질에 대해서는 '12월15일품질메달'을 수여한다.

- 12월 15일 품질메달은 2014년에 신설한 품질인증기준으로 해외시장에서 경쟁력이 있는 제품이나 2월2일 제품중에서 수여한다.

- '2월 2일 제품'은 1981년 2월 2일 김일성 주석이 전국품질감독일꾼대회 이후 최우수 상품에 수여하는 품질인증이다.

- 과자에서는 과일빵, 커피사탕, 종합과자, 영양단묵, 종합영양강정 등으로 나누어 최우수 제품에 대해 '12월15일품질메달'을 수여하고 있다.

47.

'바나나 목화사탕'은 무엇인가?

1	바나나향을 첨가한 솜사탕
2	바나나향을 첨가한 소프트아이스크림
3	바나나향을 첨가한 마시멜로
4	바나나향을 첨가한 꽃모양의 엿

Answer

3 바나나향을 첨가한 마시멜로

선흥식료공장의 바나나 목화사탕

찾아라! 만리마 슈퍼마켓 새우맛 튀기과자

48.

라면의
북한식 표기는?

1 라면

2 뜨거운 국수

3 즉석국수

4 인차국수

Answer

3 즉석국수

- 라면은 즉석국수라고 한다. 과자는 아니지만....

49.

〈공동경비구역JSA〉에서 남북 병사들이 함께 먹었던 과자는?

1	맛동산

2	오징어땅콩

3	츄파춥스

4	쵸코파이

Answer

❹ 쵸코파이

- "내 꿈은 말이야. 언젠가 우리 공화국이 남조선 보다 훨씬 더 맛있는 과자를 만드는 거야. 알겠 어?"(송강호의 대사)

- 북한에서도 쵸코파이를 생산한다.

- '쵸콜레트단설기'라고 하는데, 금컵체육인종합 식료공장에서 생산한 금컵쵸콜레트단설기가 있 다. '밀가루, 쵸콜레트, 빠다, 닭알'로 만들었다.

50.

2000년 '월드콘'과 함께
DMZ를 넘어 북한으로 넘어간
막대 아이스크림은?

1 백두산바

2 금강산바

3 대동강바

4 압록강바

Answer

② 금강산바

- 2000년 롯데제과에서 출시한 '금강산바'는 상단은 눈을 연상케 하는 하얀 밀크믹스로, 하단은 청량감을 주는 파란 색의 혼합 과일맛의 샤베트믹스로 구성된 막대 아이스크림이다.

- 2000년 7월에 월드콘과 함께 금강산으로 납품하면서 DMZ를 넘은 최초의 빙과제품이 되었다.

찾아라! 만리마 슈퍼마켓 새우맛 튀기과자

에필로그

과자에도 DMZ가
있어야 할까

먹는 이야기는 이데올로기를 넘어 남북이 하나임을 확인시켜 주고, 대화의 창을 열어준다.
2018년 남북정상회담에서 냉면은 대화를 풀어 주었고, 같은 민족임을 확인시켜 주었다.

남북도 함께 할 수 있는 기억을 만들어 간다면 소통의 창은 열리지 않을까.
식탁에 둘러앉아 식탁을 마주하여도 좋고, 바닥에 쪼그리고 앉아 설탕이 녹아들어 권총으로 태어나기를 기다렸던 경험도 괜찮다.

DMZ를 넘었던 과자가 있었다. 쵸코파이 만이아니었다.
롯데제과의 '월드콘'과 '금강산바'이다.
2000년 남북정상회담이 있은 다음이었다.

소통은 역사의 기억을 넘어 새로운 기억을 만들어 가는
길이 되어야 한다.
과자가 북한을 이해하는 추억과 소통의 도구가 되기를 바
란다.

저자 전영선

건국대학교 통일인문학연구단 HK연구교수. 북한 사회문화 연구와 남북
문화의 소통을 주제로 학술 연구와 대중과의 소통을 고민하는 통일디자이너,
통일문화문역가.

저서로 『어서와 북한 영화는 처음이지』, 『NK POP : 북한의 전자음악과
대중음악』, 『북한의 체육정책과 체육문화』, 『북한에서 여자로 산다는 것』,
『김정은 리더십 연구』, 『영상으로 보는 북한의 일상』, 『북한의 언어 : 소통과
불통 사이의 남북언어』, 『북한의 정치와 문학: 통제와 자율사이의 줄타기』
등이 있다.

찾아라! 만리마 슈퍼마켓 새우맛 튀기과자

2021년 5월 1일 초판 1쇄 발행

글쓴이	전영선
펴낸곳	(주)늘품플러스
펴낸이	전미정
책임편집	최효준
디자인	윤종욱
출판등록	2004년 3월 18일 제2-4350호
주소	서울 중구 퇴계로 243 평광빌딩 10층
전화	02-2275-5326
팩스	02-2275-5327
이메일	go5326@naver.com
홈페이지	www.npplus.co.kr
ISBN	979-11-88024-54-4 (03340)

값 9,900원

이 저서는 2019년 대한민국 교육부와 한국연구재단의 지원을 받아
수행된 연구임 (NRF-2019S1A6A3A01102841)